Le désir

LePetitPhilosophe.fr

Associez chaque citation à l'explication qui lui correspond.

Choisissez un sujet bac et construisez le plan de votre dissertation en y associant, si possible, certaines des citations et des explications reprises ci-dessus.

INTRODUCTION

Aborder le désir, c'est sans doute interroger l'homme en ce qu'il a de plus profond, intime et secret. Le désir est d'abord **ce qui se cache de nous-mêmes**, ce qui, tout en nous motivant à agir, reste tapi au fond de notre être. En même temps, force est de reconnaitre qu'**il imprime sa marque un peu partout dans le monde humain**. D'ailleurs, qui n'a jamais ressenti la force du désir (le sien ou celui d'un autre) et sa capacité à engendrer amours, haines, amitiés... ?

Tous les hommes sont mus par cette **puissance propre et étrangère** qu'est le désir. Une puissance propre et étrangère ? Tel est le paradoxe du désir :

- il nous pousse sans cesse à agir et se manifeste dans chacun de nos actes,
- mais on ne le découvre jamais que de manière partielle et confuse.

Tout se passe finalement comme si le désir, tout en étant le nôtre, ne nous appartenait jamais pleinement, comme s'il excédait toujours le contrôle de la conscience ou de la volonté. Ainsi, bien que l'homme a tendance à croire qu'Il est l'auteur conscient de ses désirs, en vérité, ceux-ci s'affranchissent largement des lumières de la conscience.

Si de nombreux philosophes se sont intéressés au désir, ils ne l'ont pas tous traité avec les mêmes égards :

- certains ont vu en lui une puissance négative, qui fait agir l'homme contre sa volonté ;

- d'autres, au contraire, ont salué sa positive fécondité ;
- quelques-uns, enfin, en ont fait l'essence même de l'être humain.

<u>Niveaux de lecture :</u>

*** : incontournable

** : à ne pas négliger

* : pour approfondir

APPROCHE DE LA NOTION

CERNER LE DÉSIR

Désir et philosophie **

Le désir est une notion très ancienne en philosophie. Désir et philosophie semblent même être nés dans le même giron, au sens où la philosophie (du grec *philein*, « aimer », et *sophia*, « la sagesse ») tire son nom du désir qui l'anime. **Être philosophe**, c'est se savoir ignorant et nourrir, à partir de ce constat, **le désir d'apprendre et de devenir sage**.

Ainsi, **Socrate** (470-399 av. J.-C.), le père de la philosophie grecque, aimait à se présenter comme **celui qui ne savait rien** – si ce n'est qu'il savait ne rien savoir –, mais en même temps, il se considérait comme le **spécialiste d'Éros**, le dieu de l'amour. Dès le départ, la philosophie a donc tenté de cerner le désir, soit de comprendre l'origine, la dynamique et les conséquences pour la vie humaine de cette puissance étrange et secrète qui préside, entre autres, au rapprochement amoureux.

Le désir, une tendance consciente ? ***

Selon **Georg Wilhelm Friedrich Hegel** (1770-1831), **l'homme a la particularité d'être conscient de ses désirs**. Dès lors, il peut décider de les satisfaire ou non, ce qui le rend indépendant, à la différence de l'animal, rivé à l'assouvissement de ses besoins.

De manière générale, **le désir est fréquemment défini**

comme une « tendance spontanée et consciente vers une fin imaginée ou connue » (LALANDE A., *Vocabulaire technique et critique de la philosophie*).

Si le désir parait effectivement être spontané au sens où il s'engendre lui-même, qu'il est à lui-même sa propre cause, et surgit souvent quand on ne l'attend pas, cette définition soulève quand même plusieurs interrogations :

- d'une part, la tendance est un concept trop général. En effet tendre vers quelque chose, ce n'est pas l'atteindre. Si le désir se contentait de nous faire tendre vers des objets, nous ne les rencontrerions jamais. Ainsi, le désir doit par principe pouvoir s'actualiser, c'est-à-dire se réaliser, dans la possession ou la jouissance d'une chose jugée bonne ou agréable pour soi ;
- il n'est pas certain que l'on soit toujours conscient de notre désir et que l'on puisse mettre des mots dessus. De plus, le désir met parfois beaucoup de temps à se montrer : il arrive que l'on se découvre amoureux d'une personne que l'on côtoie depuis des années, sans savoir depuis quand on la désire.

Désir *versus* volonté et besoin *

Dans la langue courante, **désirer et vouloir sont souvent synonymes**. On dit aussi bien « je veux acheter cette voiture » que « je désire acheter cette voiture » :

- néanmoins, dans le premier cas, il s'agit d'un choix rationnel, motivé par des raisons que l'on juge valables et découlant d'une réflexion : on veut acheter telle voiture parce qu'on en a besoin pour aller travailler par exemple, etc. ;

- à l'inverse, le désir comporte une part d'arbitraire et d'inexpliqué : on ne sait pas réellement pourquoi on désire telle voiture.

Bref, si désirer c'est tendre vers quelque chose, vouloir revient à résister à cette tendance, soit en la réprimant et en trouvant des raisons de ne pas la satisfaire, soit en la satisfaisant, mais en fonction de motifs rationnels.

En outre, contrairement à ce que l'usage courant du français nous incline à penser, **ce n'est pas la même chose de désirer quelque chose et d'en éprouver le besoin** :

- en effet, la satisfaction du désir a beau être impérieuse, pressante, irrésistible, elle n'est pas vitale pour autant. Si on ne satisfait pas son désir – le désir de conquérir le cœur d'un homme ou d'une femme par exemple –, on en souffre certes, mais on ne met pas sa vie en en danger ;
- à l'inverse, le soulagement du besoin est vital. Si on ne boit pas pendant un certain temps, on risque bel et bien de mourir.

D'autre part, désir et besoin ne se déploient pas dans le même temps. En ce qui concerne le besoin, il faut distinguer le temps du besoin lui-même (la soif, la faim, etc.) et le temps de la satisfaction (la satiété). À l'inverse, le temps de l'attente et le temps de la satisfaction sont originairement imbriqués dans le désir : l'attente de la satisfaction est en elle-même une source de plaisir – ce qui explique que l'on prenne plaisir à fantasmer sur une personne ou un objet désiré.

Le désir de quelque chose ou de quelqu'un ***

Le désir est un mouvement impérieux qui nous incline à agir en vue d'une fin jugée agréable. En ce sens, il est **toujours désir de quelque chose ou de quelqu'un**. En français, le verbe « désirer » est d'ailleurs presque toujours suivi d'un complément d'objet direct.

Cela dit, on peut aussi parler du désir comme de **quelque chose d'absolu** (qui ne se rapporte pas à tel ou tel objet) : on dit ainsi que l'on a du désir pour quelqu'un. Mais dans ce cas, le désir est assimilé à l'appétit sexuel ou à la libido (qui signifie « envie » ou « désir » en latin). C'est **Sigmund Freud** (1856-1939) qui a popularisé le terme de libido qu'il définit comme l'énergie psychique de la pulsion sexuelle.

En outre, chez l'homme, le désir n'est pas seulement désir de l'autre, il est **désir du désir de l'autre**, ce qui doit s'entendre en deux sens :

- le désir de ce que l'autre désire, d'où découlent nécessairement des jalousies et des conflits pour posséder l'objet commun du désir ;
- le désir d'être désiré(e) par l'autre, qui est en fait la cause du précédent. Au fond, on ne désire ce que l'autre désire que parce que, consciemment ou pas, on le désire.

Comme l'explique **Hegel**, le désir de l'homme se différencie du désir de l'animal en ce qu'il ne porte pas sur un objet réel, mais sur un autre désir. Dans le rapport entre l'homme et la femme, par exemple, l'un et l'autre ne désirent pas le corps de leur partenaire, mais son désir (citation 2).

Enfin, notons que la satisfaction du désir est éphémère. Combler le désir procure un plaisir momentané, une extase qui ne peut être que temporaire, puisqu'un nouveau désir finit toujours par se substituer au précédent.

LA DIVERSITÉ DES DÉSIRS

Des désirs multiples et variés *

Le désir recouvre une grande diversité de phénomènes : **les désirs fluctuent, changent, varient, évoluent** d'une personne à une autre, d'un contexte (social, politique, religieux, culturel, etc.) à un autre, voire pour une même personne d'un moment à l'autre. On peut par exemple désirer voyager, quand un ami plus casanier préfèrera rester chez lui, et on peut entreprendre ce voyage tant désiré tout en éprouvant bientôt le désir de rentrer.

Bref, **le désir est protéiforme**. C'est « une bête multiforme et polycéphale » (qui a plusieurs têtes), comme l'explique **Platon** (427-347 av. J.-C.) dans *La République* (livre 11) : il prend de multiples allures, ne cesse jamais de s'amarrer à de nouveaux objets et ne craint pas la contradiction, comme en témoigne la profonde complicité de l'amour et de la haine.

Classer les désirs, une affaire de morale **

Les philosophes de l'Antiquité ont entrepris d'analyser et de classer les désirs. Il s'agissait de leur attribuer à chacun une origine et une valeur. Pour quelles raisons désirait-on ceci ou cela et quelles conséquences la réalisation de ces désirs pouvait-elle avoir sur la vie de l'individu et de la cité ?

À ce titre, **certains désirs furent jugés bons et dignes d'être recherchés, quand d'autres apparurent dangereux** et devaient par conséquent être écartés. S'interroger sur le désir était donc pour les Grecs avant tout une affaire d'éthique, de morale : il s'agissait de statuer sur la capacité de tel ou tel désir à engendrer de bonnes ou de mauvaises actions pour l'homme lui-même et pour sa communauté.

C'est ainsi que **Platon** distingue :

- **les désirs innés**, qui aspirent uniquement aux plaisirs et sont susceptibles de nous faire sombrer dans la démesure (gourmandise, enivrement, etc.) ;
- **les désirs acquis par l'éducation**, qui aspirent au meilleur, au bien, et nous invitent à la tempérance et à la modération (citation 3).

Les désirs naturels et les désirs vains ***

Quelques décennies plus tard, **Épicure** (341-270 av. J.-C.) en vient à son tour à classer les désirs en fonction de leur nécessité par rapport à la vie humaine.

Il affirme, à la fin de la *Lettre à Ménécée*, que le plaisir est le souverain bien. Il convient donc de le rechercher tout au long de sa vie, avant que la mort ne nous en éloigne pour de bon. Mais la recherche du plaisir au sens épicurien renvoie davantage à la fuite de la douleur : selon le philosophe, **il n'y a pas de plus grande ni de plus constante volupté que la**

santé du corps et la tranquillité du cœur.

Pour l'atteindre, **il s'agit d'écarter les désirs vains** (inutiles ou néfastes pour la vie humaine : l'ambition, le désir de pouvoir ou de richesse, etc.) **pour leur préférer les désirs naturels**. Parmi ces derniers, Épicure distingue :

- **les désirs naturels et non nécessaires** (désirs de mets raffinés, plaisirs sexuels, etc.), qu'on peut satisfaire si on s'engage à ne pas commettre d'excès ;
- **les désirs naturels et nécessaires**, que l'on doit absolument satisfaire (désir de manger et de boire par exemple) <u>(citation 4)</u>.

Épicure invite l'homme à se déprendre de ses mauvaises habitudes, à refuser les beuveries, orgies et autres péchés de gourmandise, pour se contenter de satisfaire aux désirs fondamentaux : ceux qui assurent la tranquillité de l'âme. En ce sens, le philosophe défend une conception minimale, voire presque animale, du désir en le faisant pencher du côté du besoin.

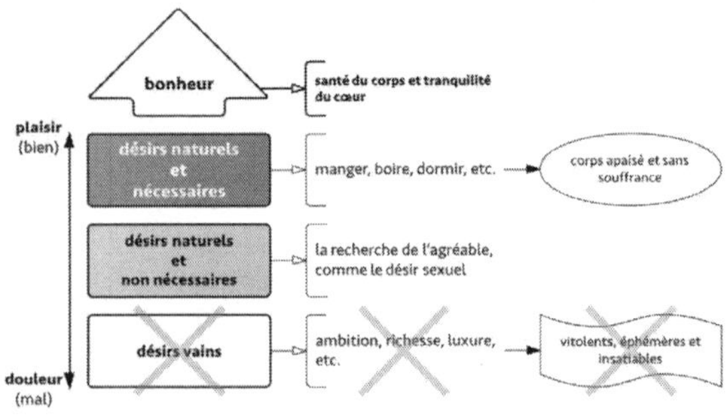

L'ÉPICURISME

L'**épicurisme** est le courant philosophique fondé par Épicure. Il propose notamment une théorie physique : l'univers est entièrement composé d'atomes et de vide et est gouverné par le hasard. L'âme étant elle aussi composée d'atomes, lorsque nous mourons, elle se désagrège : la mort n'est donc pas à craindre. En ce qui concerne la morale, l'épicurisme fait du plaisir le souverain bien, mais il s'agit d'un plaisir modéré conçu comme absence de troubles dans l'âme et le corps.

La suppression des désirs **

Les stoïciens se montrent plus radicaux qu'Épicure, puisqu'ils prônent, non pas la modération, mais **la suppression des désirs**. Ceux-ci étant par nature inextinguibles (impossible à faire cesser) et passionnels (soumis aux états affectifs), il est nécessaire de les supprimer pour atteindre le bonheur, du moins dans un premier temps.

Le stoïcien **Épictète** (vers 50-130) établit une distinction entre :

- d'une part ce qui dépend de nous, c'est-à-dire nos pensées, nos sentiments et nos désirs ;
- d'autre part ce qui ne dépend pas de nous, c'est-à-dire la beauté, la santé, la réputation, la richesse, etc.

Dès lors que l'homme désire quelque chose qui n'est pas en son pouvoir, il sera malheureux. En attendant d'être en mesure de distinguer ce qui en son pouvoir et ce qui ne l'est pas, il s'agit donc de supprimer entièrement ses désirs, explique le philosophe (citation 5).

Par la suite, il est indispensable d'apprendre à maitriser ses désirs : pour cela, **il faut se rendre indifférents à ce qui ne dépend pas de nous et ne désirer que le bien qui dépend de nous**. C'est la volonté rationnelle et réfléchie, considérée comme la faculté souveraine, qui décide alors si les désirs doivent être satisfaits ou non. L'homme est ainsi son propre maitre, ce qui le rend libre et heureux, puisque délivré des désirs qu'il ne peut assouvir.

LE STOÏCISME

Le **stoïcisme** est un courant philosophique contemporain de l'épicurisme, fondé par Zénon de Cition (vers

335-264 av. J.-C.). Il s'agit avant tout d'une doctrine morale qui propose des règles de vie propres à atteindre bonheur et sagesse. Pour cela, l'homme doit vivre en harmonie avec la nature en maitrisant ses passions et désirs qui épuisent l'âme en vain. D'autre part, il doit accepter que tout ce qui arrive doit arriver : cet assenti-ment au destin lui apporte la liberté et la paix de l'âme.

L'ORIGINE DU DÉSIR

Le désir comme manque ***

Au-delà de la question de la multiplicité du désir, on peut s'interroger sur son origine et sur ce qu'il donne à penser de l'homme. D'où vient que nous désirons ? Faut-il lire dans le désir la marque de la nature imparfaite de l'homme ou plutôt le signe de sa puissance ?

Certains philosophes appréhendent **le désir comme la marque d'un défaut ou d'un manque de/en l'homme** (manque de ce qu'il n'a pas, ne fait pas ou n'est pas). Désirer, c'est faire l'épreuve d'un manque, c'est prendre conscience du fait qu'il nous manque quelque chose et déployer par le jeu de l'imagination une scène fictive dans laquelle ce manque est comblé par l'objet de notre désir. En ce sens, si l'homme désire, c'est avant tout parce qu'il est imparfait et incomplet, un défaut souvent attribué au dualisme de l'âme et du corps.

Dans *Le Banquet*, Platon met en scène **Socrate** expliquant l'origine du désir. Celui-ci dresse **la généalogie de l'Amour**

(c'est-à-dire du désir), également appelé Éros (le dieu de l'amour) : alors que Poros, le dieu de la richesse et de l'abondance, s'endort parce qu'il a trop bu, une pauvresse, Pénia, profite de la situation et le viole. Elle tombe enceinte et engendre Éros :

- de par sa mère, l'Amour est donc pauvre, sale, désespéré et sans abri ;
- grâce à son père, il est constamment à la recherche du beau et du bien, courageux et plein de ruses.

Ainsi, il ne connait jamais la complète misère ni la véritable richesse : **il est toujours « manque de » et se définit comme « recherche »**.

Pour Platon, c'est parce que le désir est nostalgique du monde des Idées qu'il est manque radical. Le philosophe explique, dans le *Phédon*, que **le corps**, conçu comme un tombeau temporairement habité par l'âme, est inlassablement **excité par des désirs particuliers qui empêchent l'âme de s'élever jusqu'au monde des Idées**, c'est-à-dire vers le Bien, le Vrai, le Juste et le Beau. Il utilise la métaphore du tonneau des Danaïdes (tonneau dont le fond est percé et que les Danaïdes, les filles du roi Danaos, s'évertuent vainement à remplir) pour décrire les désirs du corps : on a beau essayer de le remplir, il se vide en permanence. La seule issue qui se présente à l'homme est de libérer l'âme du corps, autrement dit de n'appliquer son désir qu'au savoir et à la connaissance (citation 7). Dès lors, le désir possède également un pouvoir créateur puisqu'il oriente l'homme vers le monde intelligible, qui lui apporte le bonheur suprême.

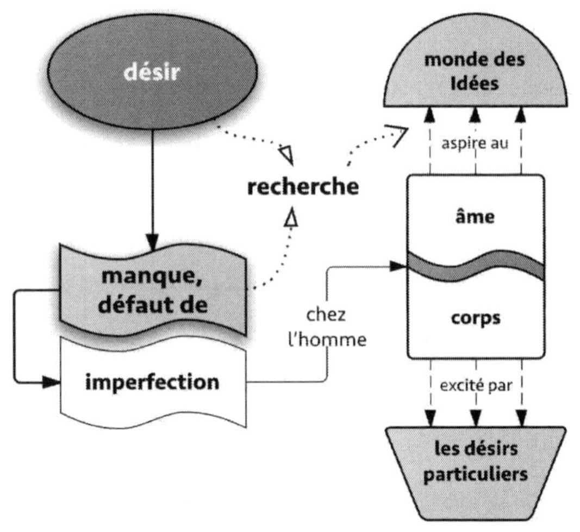

LE MONDE PLATONICIEN DES IDÉES

Le **monde des Idées** de Platon désigne, par opposition au monde sensible, caractérisé par le changement et le particulier, le monde intelligible. Celui-ci est constitué d'hypothétiques essences immatérielles, éternelles et immuables : les Idées. Ce sont des archétypes de la réalité, des modèles d'après lesquels les objets du monde sensible sont formés.

Blaise Pascal (1623-1662), de la même manière, définit **le désir comme misère de l'homme et comme signe de son imperfection par rapport à Dieu**. Si l'homme veut trouver le bonheur, il doit se garder de pêcher, limiter ses désirs et faire l'effort de s'élever à la dimension de Dieu.

Le désir comme manque d'être **

Jean-Paul Sartre (1905-1980) conçoit lui aussi le désir comme manque, mais il apporte une nuance : le désir est manque d'être.

Dans *L'Être et le Néant* (1943), Sartre défend l'idée que chez l'homme, **l'existence précède l'essence**. Autrement dit, l'homme n'est pas déterminé à priori, préalablement à son expérience du monde. Au contraire, il se définit intégralement par ses actes : il n'est rien d'autre que ce qu'il fait. Cette conception a des conséquences morales : s'il n'existe pas d'essence ou de nature humaine, alors **l'homme est radicalement libre**.

L'EXISTENTIALISME

L'**existentialisme** désigne, de manière générale, toute philosophie qui s'intéresse à l'existence de l'homme. Dans un sens plus moderne, il s'agit d'une pensée qui affirme la primauté de l'existence vécue sur l'essence, la nature humaine.

Sartre attribue cette spécificité de l'existence humaine à la tension qui existe entre :

- la conscience de l'homme, son « pour-soi »,
- et la réalité matérielle, le monde « en-soi ».

Pour le philosophe, les choses, les objets inanimés sont des êtres « en-soi », c'est-à-dire des êtres qui sont ce qu'ils sont, qui coïncident de manière absolue avec eux-mêmes. Par exemple, un cercle inachevé est en soi complet et parfaitement positif : seule la conscience humaine voit en lui quelque chose d'inachevé. À l'inverse, l'homme est doté d'une conscience et ne coïncide jamais avec ce qu'il est :

- d'une part, sa forme physique et ses idées évoluent constamment ;
- d'autre part, il se projette en permanence dans le passé ou dans l'avenir.

En ce sens, **Sartre oppose l'être plein des choses inanimées au néant de la conscience humaine**.

C'est en cherchant à réduire cette distance entre le monde plein et la conscience vide que nait le désir humain. **Le désir nait du manque ontologique de l'homme**, c'est-à-dire de son manque d'être. Le désir sartrien est donc avant tout désir d'être et il est motivé par notre propre manque d'être (citation 8). Manquer d'être, ce n'est pas manquer de tel ou tel objet, c'est plus profondément manquer de soi-même. Aussi les désirs partiels, les désirs que nous éprouvons quotidiennement et qui portent sur des objets déterminés du monde extérieur, sont-ils chaque fois une spécification de notre désir primordial d'être.

L'ONTOLOGIE

L'**ontologie** désigne l'étude de l'essence, de la nature de l'être, autrement dit de ce qui fait qu'un être est.

Le désir comme essence de l'homme ***

À rebours de ces conceptions négatives du désir, perçu comme manque, d'autres penseurs ont appréhendé **le désir comme une puissance de création et de transformation**. Loin d'en porter le poids insoutenable, l'homme aurait plutôt tendance à exercer sa liberté et sa créativité grâce au désir.

Le philosophe épicurien **Lucrèce** (vers 98-55 av. J.-C.) pense pour sa part que **le désir est une puissance de mouvoir et de se mouvoir**, une puissance qui nous traverse et nous émeut. Il va même jusqu'à prôner le libertinage et conseille d'honorer la Vénus vagabonde (déesse romaine de l'amour) en ne s'enfermant jamais dans une passion unique, mais en cultivant de multiples amours.

Baruch Spinoza (1632-1677) va encore plus loin en concevant le désir comme une expérience fondamentale de la vie humaine, voire comme **l'essence même de l'homme**.

Selon lui, **l'homme tend essentiellement à persévérer dans son être**, c'est-à-dire à se maintenir, à se conserver, et à se renouveler, à se dépasser, pour une durée indéfinie. L'homme se meut (versant actif) et est mû (versant passif) **grâce à son appétit** : l'appétit désigne le désir, à ceci près que le désir est l'appétit qui a conscience de lui-même. L'appétit est donc un effort constamment renouvelé pour réaliser sa propre essence, pour être toujours plus soi-même en somme :

- lorsque cet effort ne s'applique qu'à l'âme – dans les activités intellectuelles par exemple –, l'appétit est nommé « volonté ».
- lorsqu'il s'étend aussi au corps, cet effort est nommé « appétit » (citation 9).

L'appétit ou le désir spinoziste n'est donc pas le propre du corps ou de l'âme. Il n'est notamment pas question pour Spinoza de dire que le désir vient du corps et qu'il impose sa loi et sa force à l'âme. L'âme, elle aussi, produit des choses par l'intermédiaire du désir : elle produit par exemple des idées et des jugements. Le désir dit ainsi ce que nous sommes – il est l'essence de l'homme – par delà les distinctions canoniques entre l'âme et le corps, la passion et l'action, la volonté et la raison, etc. Le désir comprend et englobe tout cela à la fois. Il est indistinctement une puissance d'agir et de pâtir, de (se) mouvoir et d'être affecté par le monde. Le désir décrit finalement le déploiement de notre puissance d'exister.

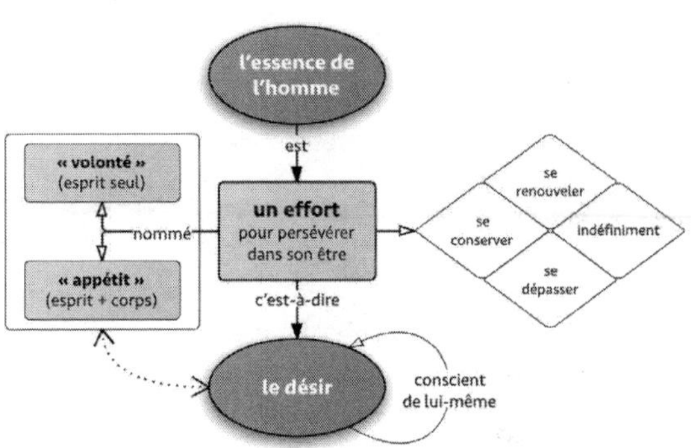

l'essence de l'homme
est
« volonté » (esprit seul)
« appétit » (esprit + corps)
nommé
un effort pour persévérer dans son être
c'est-à-dire
le désir
conscient de lui-même
se renouveler
se conserver
indéfiniment
se dépasser

EN RÉSUMÉ

Selon **Hegel**, la particularité de l'homme est d'être conscient de ses désirs et, en ce sens, de pouvoir décider de les assouvir ou non, ce qui le rend indépendant. Cependant, il n'est pas certain que l'on soit toujours conscient de notre désir.

Le désir est toujours désir de quelque chose. Qu'il vise des objets, des personnes ou soi-même (désir narcissique), il implique toujours une relation et une intention.

Le désir n'est pas une tendance spontanée, car il doit par principe pouvoir s'actualiser. Il n'est pas non plus réductible à la volonté (qui implique l'usage de sa raison), ni au besoin (qui met la vie en jeu).

Pour les philosophes grecs de l'Antiquité, notamment **Platon** et **Épicure**, il existe de bons et de mauvais désirs. Ainsi, Épicure estime que les seuls désirs « désirables » sont ceux qui contribuent à la santé du corps et à la tranquillité de l'âme. Les stoïciens, quant à eux, prônent la suppression complète des désirs pour atteindre le bonheur.

Certains appréhendent le désir comme la marque d'un manque de l'homme. C'est le cas de Platon, pour qui le désir est toujours « manque de ». **Sartre**, plus radical, perçoit le désir comme manque d'être, manque de soi-même.

Enfin, inversement, d'autres penseurs font du désir une puissance de création. **Spinoza** estime ainsi que le désir est l'essence même de l'homme : grâce au désir, celui-ci tend à persévérer dans son être, c'est-à-dire à se conserver et à se dépasser.

Votre avis nous intéresse !
Laissez un commentaire sur le site de votre librairie en ligne
et partagez vos coups de cœur sur les réseaux sociaux !

POUR ALLER PLUS LOIN

- BRUN J., *L'Épicurisme*, Paris, PUF, 1991.
- BRUN J., *Le Stoïcisme*, Paris, PUF, 1985.
- CLÉMENT E. *et alii*, *La Philosophie de A à Z*, Paris, Hatier, 2000.
- ÉPICTÈTE, *Manuel d'Épictète*, traduction d'Emmanuel Cattin, Paris, GF-Flammarion, 1997.
- ÉPICURE, *Lettre à Ménécée*, traduction de Pierre Pénisson, Paris, Hatier, 2007.
- HEGEL G. W. F., *La Phénoménologie de l'esprit*, traduction de Jean-Pierre Lefebvre, Paris, GF, 2012.
- HEGEL G. W. F., *La Raison dans l'histoire*, traduction de Laurent Gallois, Paris, Seuil, 2011.
- KOJÈVE A., *Introduction à la lecture de Hegel*, Paris, Gallimard, 1980.
- LALANDE A., *Vocabulaire technique et critique de la philosophie*, Paris, PUF, 2010.
- LUCRÈCE, *De la nature*, traduction de José Kany-Turpin, Paris, GF, 1999.
- PLATON, *Gorgias*, traduction de Monique Canto-Sperber, Paris, GF, 2007.
- PLATON, *Le Banquet*, traduction de Luc Brisson, Paris, GF, 1998.
- PLATON, *Phédon*, traduction de Monique Dixsaut, Paris, GF, 1999.
- SARTRE J.-P., *L'Être et le Néant*, Paris, Gallimard, 2006.
- SPINOZA B., *L'Éthique*, traduction de Roland Caillois, Paris, Gallimard, 1993.

TESTEZ VOS CONNAISSANCES !

ASSOCIEZ CHAQUE CITATION À L'EXPLICATION QUI LUI CORRESPOND.

Citations

- **Citation 1 :** « [...] l'homme se connaît soi-même et par là se distingue de l'animal. [...] il cesse d'être un simple être naturel, livré à ses perceptions et désirs immédiats, à leur satisfaction et leur création. Il en est conscient et c'est pourquoi il refoule ses désirs et met la pensée, l'idée, entre la poussée du désir et la satisfaction. » (HEGEL G. W. F., *La Raison dans l'histoire*, Paris, Seuil, 2011)
- **Citation 2 :** « [...] le désir humain diffère du désir animal par le fait qu'il porte non pas sur un objet réel [...], mais sur un autre désir. Ainsi, dans le rapport entre l'homme et la femme, par exemple, le désir n'est humain que si l'un désire non pas le corps, mais le désir de l'autre. » (KOJÈVE A., *Introduction à la lecture de Hegel*, Paris, Gallimard, 1980)
- **Citation 3 :** « [...] en chacun de nous, il y a deux espèces de tendances qui nous gouvernent : l'une, qui est innée, c'est le désir des plaisirs ; l'autre, qui est une façon de voir acquise, c'est l'aspiration au meilleur. » (PLATON, *Phèdre*, Paris, GF-Flammarion, 1989)
- **Citation 4 :** « [...] parmi les désirs, certains sont naturels, d'autres sont vains. Parmi les désirs naturels, certains sont nécessaires, d'autres sont simplement naturels. Parmi les désirs nécessaires, les uns le sont pour le bonheur, d'autres pour le calme du corps, d'autres enfin

simplement pour le fait de vivre. » (ÉPICURE, *Lettre à Ménécée*, Paris, Hatier, 2007)

- **Citation 5 :** « [...] pour tes désirs, supprime-les entiè-rement pour le moment. Car, si tu désires quelqu'une des choses qui ne sont pas en notre pouvoir, tu seras nécessairement malheureux [...]. » (ÉPICTÈTE, *Manuel d'Épictète*, Paris, GF, 1997)

- **Citation 6 :** « [Étant] le fils de Poros et Pénia, Éros [...] est toujours pauvre [...], il est rude, malpropre, va-nu-pieds et il n'a pas de gîte [...], car, puisqu'il tient de sa mère, c'est l'indigence qu'il a en partage. À l'exemple de son père en revanche, il est à l'affût de ce qui est beau et de ce qui est bon [...]. » (PLATON, *Le Banquet*, Paris, GF-Flammarion, 2007, 203c-203e)

- **Citation 7 :** « [...] tant que nous aurons notre corps asso-cié à la raison [...] et que notre âme sera contaminée par ce mal (le corps), jamais nous ne posséderons l'objet de nos désirs, c'est-à-dire la vérité. » (PLATON, *Phédon*, Paris, GF, 1999)

- **Citation 8 :** « Le désir est manque d'être [...]. Ainsi témoigne-t-il de l'existence du manque dans l'être de la réalité humaine. » (SARTRE J.-P., *L'Être et le Néant*, Paris, Gallimard, 2006)

- **Citation 9 :** « Chaque chose, autant qu'il est en elle, s'ef-force de persévérer dans son être. [...] Cet effort, quand on le rapporte à l'Esprit seul, s'appelle Volonté ; mais quand on le rapporte à la fois à l'Esprit et au Corps, on le nomme Appétit, et il n'est, partant, rien d'autre que l'essence même de l'homme [...]. » (SPINOZA B., *Éthique*, Paris, Gallimard, 1993, propositions 6-9)

Explications

- **Explication a :** le corps est le tombeau de l'âme, il l'empêche de s'élever jusqu'aux vérités éternelles.
- **Explication b :** il faut écarter les désirs inutiles et leur préférer les désirs nécessaires qui œuvrent à la conservation du corps et à la félicité de l'âme.
- **Explication c :** il faut radicalement supprimer ses désirs, car si on désire une chose qui ne dépend pas de nous, cela nous rendra malheureux.
- **Explication d :** l'essence de l'homme est de persévérer dans son être grâce au désir. Par là même, il se maintient et se dépasse sans cesse.
- **Explication e :** le désir est pauvre et « en manque de » par sa mère, mais il tient de son père d'être toujours en quête de ce qui lui manque.
- **Explication f :** le désir de l'homme nait de son incapacité à être pleinement (en-soi), c'est-à-dire de son manque d'être.
- **Explication g :** deux espèces de désirs distincts se battent sans cesse en l'homme : le désir des plaisirs et le désir du meilleur.
- **Explication h :** l'homme a la particularité de se connaitre lui-même et d'avoir conscience de ses désirs : il peut dès lors choisir de les assouvir ou non, ce qui le rend indépendant.
- **Explication i :** le désir de l'homme s'attache à un autre désir et non à un objet réel.
- **Explication j :** désirer et vouloir sont deux choses différentes : désirer consiste à tendre vers quelque chose, tandis que vouloir revient à résister à cette tendance.

- **Explication k :** il faut distinguer les choses qui dépendent de nous des choses qui ne dépendent pas de nous et nous rendre indifférents à ce qui ne dépend pas de nous, notamment nos désirs.
- **Explication l :** les désirs changent, varient et fluctuent sans cesse d'une personne à l'autre et d'une situation à l'autre.

CHOISISSEZ UN SUJET BAC ET CONSTRUISEZ LE PLAN DE VOTRE DISSERTATION EN Y ASSOCIANT, SI POSSIBLE, CERTAINES DES CITATIONS ET DES EXPLICATIONS REPRISES CI-DESSUS.

- La recherche de la vérité peut-elle être désintéressée ? (bac L 2010)
- Dépend-il de nous d'être heureux ? (bac S 2010)
- Une vie heureuse est-elle une vie de plaisirs ? (bac T 2010)
- Est-il absurde de désirer l'impossible ? (bac S 2009)
- Peut-on désirer sans souffrir ? (bac ES 2008)
- Le désir peut-il se satisfaire de la réalité ? (bac S 2007)
- Ne désirons-nous que les choses que nous estimons bonnes ? (bac ES 2002)
- Les passions nous empêchent-elles de faire notre devoir ? (bac 2000 S)
- Faut-il toujours vouloir satisfaire tous ses désirs ?
- Faut-il libérer le désir ou se libérer du désir ?

Rendez-vous sur lepetitphilosophe.fr et découvrez :

Plus de 1200 analyses
Claires et synthétiques
Téléchargeables en 30 secondes
À imprimer chez soi

L'éditeur veille à la fiabilité des informations publiées, lesquelles ne pourraient toutefois engager sa responsabilité.

© LePetitPhilosophe.fr, 2017. Tous droits réservés.

www.lepetitphilosophe.fr

ISBN version numérique : 978-2-8062-4451-2
ISBN version papier : 978-2-8062-4428-4
Dépôt légal : D/2017/12603/581

Schémas réalisés par Alberto Molina Pérez,
doctorant en philosophie des sciences
(Université Paris I-Panthéon-Sorbonne)

Conception numérique : Primento,
le partenaire numérique des éditeurs.

Made in the USA
Monee, IL
07 July 2026